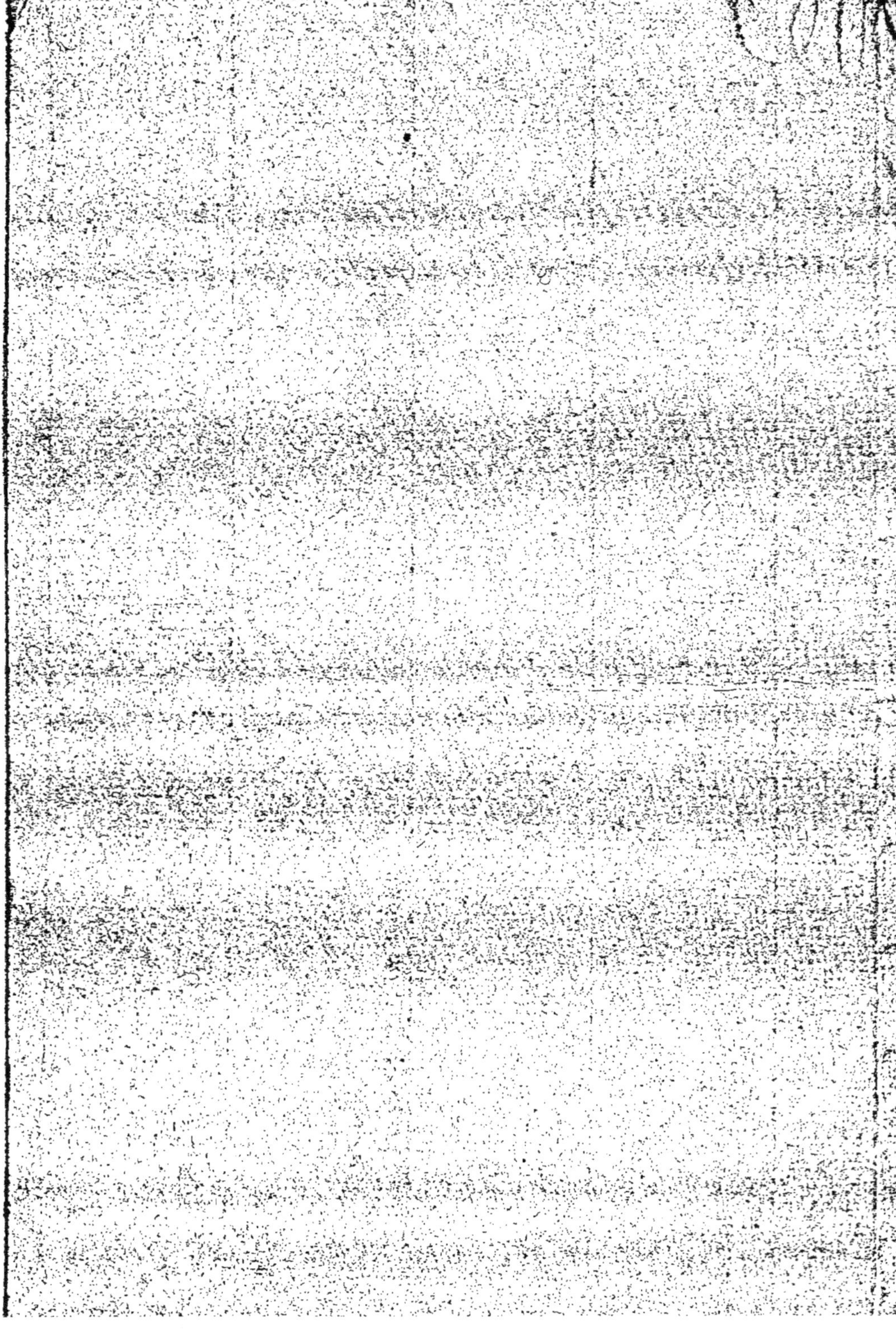

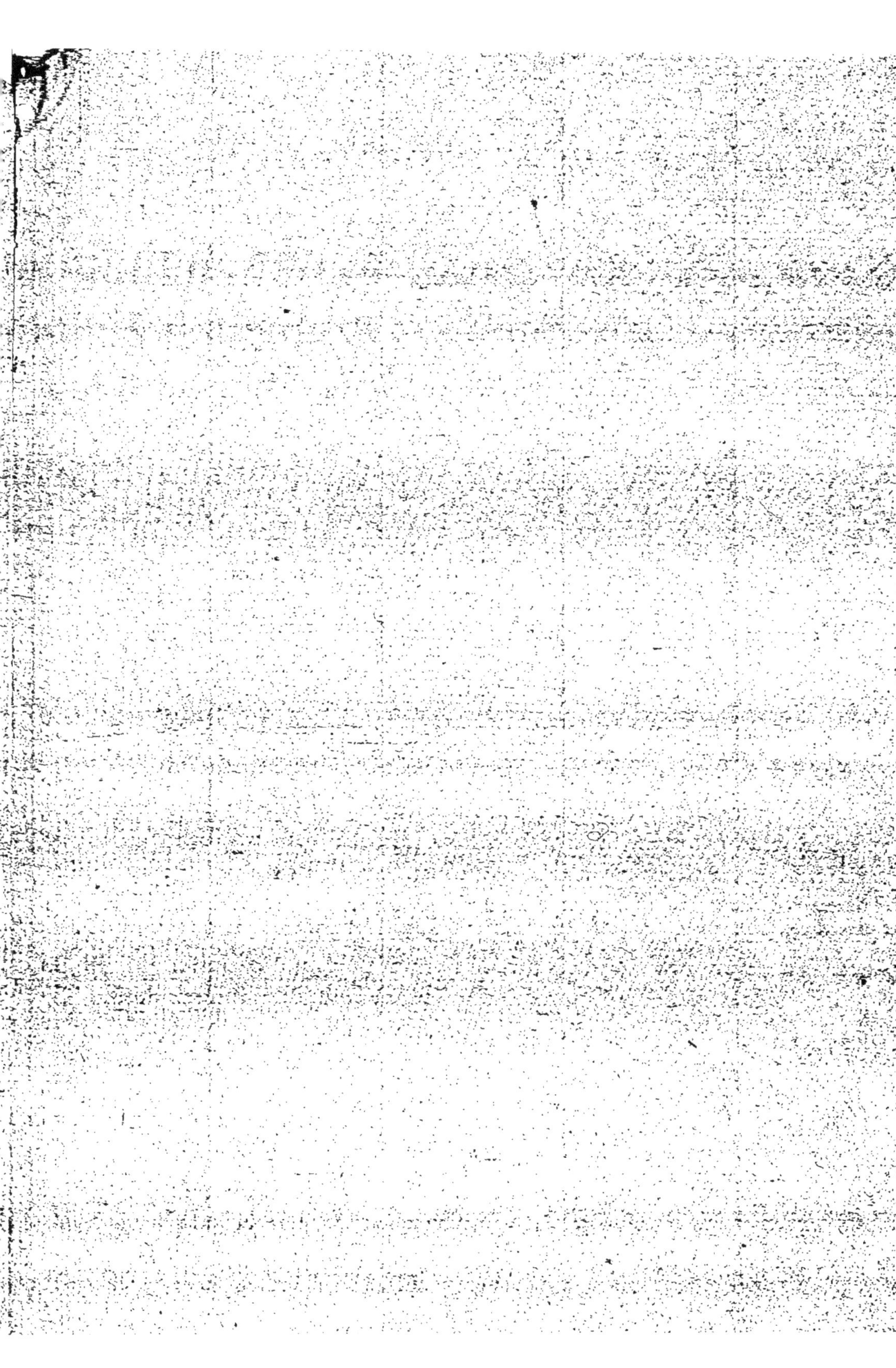

NOTICE

SUR LA FÉCONDATION

Harmonie du ménage.

Les enfants sont un trait-d'union dans le ménage.

Deux époux peuvent ne pas avoir les mêmes goûts ni les mêmes idées, survienne un enfant, l'harmonie s'établit.

Ces aphorismes sont tellement vrais, qu'ils n'ont pas besoin d'être démontrés.

N'est-il pas excusable, de voir le mari déserter le toit conjugal, lorsque rien ne l'y rappelle après ces petites discussions intestines qui sont si fréquentes, par ces temps de luttes à la recherche d'une place au soleil de la vie?

Lorsqu'un mari, surchargé de tracas de toutes sortes, rentre au logis, la lune de miel étant passée, il est généralement peu disposé à entendre des récriminations.

La femme de son côté, est bien souvent seule ; les journées sont longues, l'ennui la gagne et l'imagination, *cette folle du logis*, ou plutôt ce cerveau vide d'occupations, fait faire le premier pas hors du pacte conjugal.

Mais qu'il survienne un enfant, objet de tous les vœux des jeunes époux, celui-là devient à l'instant l'autel où chacun vient à tour de rôle, sacrifier ses représailles et puiser une nouvelle ardeur pour la lutte : le mari pour ses affaires, la femme pour ses devoirs.

Que d'enfants peuvent dire avec raison, qu'ils ont fait la fortune de leur père et contribué à la bonne conduite de leur mère !

N'est-il pas naturel de se voir revivre dans ces petits êtres blancs et roses qui nous donnent tant de joie et tant de cœur à la besogne dans l'exécution de nos devoirs.

Celui qui n'est pas père ne se doute pas, dans son égoïsme d'homme tranquille, de quelle immense joie nous sommes redevables à ces chérubins dont le premier mot est toujours le doux nom de *papa*.

Sans la famille rien n'est stable; souvent, bien peu de temps après le mariage, les époux deviennent distraits. Entre l'amour de nouveauté, et l'amour d'habitude que ramène le temps, il y a un entr'acte, une lacune. L'homme est aux affaires toute la journée ; le soir il cède à la mobilité de la vie de notre époque, il va aux distractions, s'éparpille au dehors, laisse seule la femme. S'il la laisse trop, elle rêve d'abord innocemment, quitte à se dédommager de l'indifférence du mari en s'échappant dans un petit roman. Le danger est terrible car le plus souvent ce qui entraîne la femme dans une mauvaise voie, ce qui la pousse vers la pente glissante d'un manquement à la foi jurée, c'est le besoin de la reproduction, c'est l'instinct de sa destinée de femme, c'est l'amour de la maternité.

La femme adultère cherche souvent à s'excuser vis-à-vis de sa conscience ; cette excuse est pour elle toute trouvée, lorsqu'elle croit son mari impropre à lui procurer la joie d'être mère. Même quand les sens parlent, les instincts de maternité les éludent, et portent l'amour de la femme dans une région supérieure : l'espoir de l'enfant, qui glorifiera, purifiera ses ardeurs.

Combien de femmes, en cédant à l'amant, ne cèdent qu'à leur propre rêve, à cet espoir de l'enfant, que presque dès leur naissance, elles conçoivent dans leur cœur.

Que d'exemples n'aurions-nous pas à citer si nous pouvions descendre un moment dans le domaine de la pensée ; mais jetons un voile sur l'instinct pour ne voir que la raison.

Le mari déserte facilement sa maison lorsque l'enfant ne l'y rattache pas ; c'est aujourd'hui une excuse qu'il donne et qui peut paraître bonne tellement il l'entoure de vraisemblance, demain cette excuse sera sans prétexte, et dans quelque temps il ne se donnera même plus la peine de trouver une raison : il ira au cercle, au café, il aura des maîtresses ; et finalement, la haine souvent remplacera l'indifférence qu'il avait pour sa femme.

La femme à son tour, passera son temps à des lectures qui enflammeront son imagination ; elle commencera par pécher par la pensée, et bientôt, malgré la rectitude de son jugement, malgré son éducation, malgré la rigidité de ses principes, elle sombrera dans cette tourmente de l'esprit à la recherche de la satisfaction : coquetterie pour quelques unes ; ardeurs des sens pour quelques autres, mais *affectivité mater- nelle* pour presque toutes.

Stérilité relative dans les deux sexes.

L'expérience nous démontre chaque jour que 99 fois sur 100, c'est la femme qui est stérile; l'homme ne l'est que par exception.

Passons donc très-sommairement en revue le cas où l'homme est infécond.

Nous devons d'abord retrancher les vices de conformation, étant donné qu'un homme ne s'exposera pas aux conséquences du mariage, lorsqu'il se sait impropre à en remplir les obligations ou les devoirs.

Une femme peut-elle faire de même?

Évidemment non, car elle n'en sait souvent rien. Chez l'homme tout est externe, chez la femme tout est interne; de là, la certitude pour l'homme de son état d'impuissance, tandis que la femme ne peut même pas s'en douter.

Il reste à examiner les maladies acquises, déterminant chez l'homme l'impuissance et la stérilité.

Si impuissant que soit un homme par l'abus des plaisirs, lorsqu'il n'y a pas altération de la semence, il trouve toujours un moment de virilité capable de féconder une femme, dut-il pour combattre sa frigidité recourir à des excitants passagers; donc, sa stérilité n'est que relative.

Quant à la *stérilité vraie*, elle est extrêmement rare et encore n'est-elle souvent que passagère ou du moins temporaire; nous voulons parler de l'*orchite double*.

Voilà donc à peu près le seul cas où l'homme est momentanément stérile, car nous ne parlerons pas des cas très-exceptionnels qu'on ne rencontre guère qu'à l'état de légende dans les traités spéciaux.

Quant à la femme, nous allons démontrer dans un chapitre spécial que la stérilité chez elle est tellement naturelle qu'on doit se demander par quel mécanisme ingénieux, il peut se faire qu'elle soit quelquefois fécondable tant ses organes sont délicats et facilement rendus impropres à la procréation par des vices de position ou par la présence de sécrétions anormales.

Passons en revue les cas les plus fréquents de déplacements, et ceux-ci ne sont pas rares chez la femme, voire même chez la jeune fille: *antéversion, antéflexion, rétroversion, rétroflexion, surélèvement, abaissement*, etc.

Pour ne pas tracer ici des dessins obcènes qui pourraient tomber sous des yeux chastes, qu'il nous soit permis de donner trois figures en simple coupe, celles-ci suffiront amplement à démontrer ce genre de stérilité.

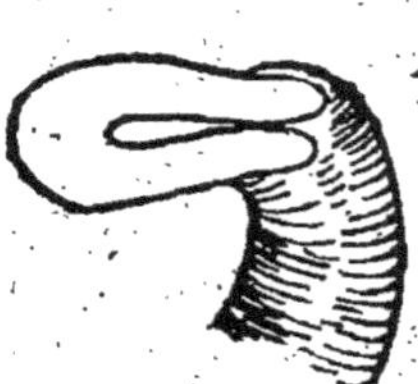

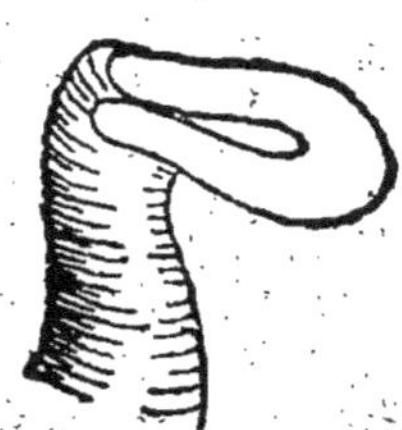

Antéversion.   État normal.   Rétroversion.

On peut donc facilement se rendre compte par l'examen de ces figures combien il est difficile de faire pénétrer un liquide dans ces matrices déplacées et dont l'ouverture est obturée par l'une des parois du vagin ; de là ces stérilités si fréquentes et dont on ne se rend pas compte, car en général la santé reste bonne.

A quoi doit-on attribuer ces déplacements chez la femme? Oh! à une cause toute naturelle, à la *verticalité*, position qu'elle possède seule parmi toutes les femelles du règne animal. La matrice qui doit être verticale, tombe de côté sous le moindre engorgement et lorsqu'on pense que cet engorgement se renouvelle périodiquement à chaque menstruation, on comprend maintenant que ces deux causes, conduisent si fatalement à la stérilité chez la femme et non chez les femelles qui en sont exemptes.

Le surélévement de la matrice comme son abaissement, sont aussi des causes absolues de stérilité.

Mais le cas le plus fréquent de stérilité est encore *la leucorrhée utérine* ou flueurs blanches, car il est peu de femmes qui en soient exemptes, dumoins d'une façon *occulte*.

Voici comment les choses se passent :

Dans la plupart des cas, les flueurs blanches viennent de la matrice et non du vagin, car celui-ci n'est qu'un déversoir ne rejettant que ce qu'il reçoit ; or, les flueurs passent par l'orifice de la matrice, orifice fort étroit et presque toujours bouché par cet écoulement de matière *colloïde* incessamment poussée de la matrice vers le vagin et oblitérant complétement l'orifice de l'organe.

Comment alors pourrait se faire la conception, autrement dit : la pénétration de la liqueur séminale dans la matrice, puisque celle-ci est bouchée et qu'une force incessante de dedans en dehors, pousse les immondices de la matrice dans un sens opposé à la liqueur fécondante?

On comprend aisément que toute fécondation dans ce cas devient impossible.

Il reste à examiner ce que nous entendons par *flueurs blanches occultes* ou écoulement qu'on ne voit pas :

L'écoulement utérin peut non seulement varier de quantité, mais aussi de *consistance* ; or, il faudrait n'avoir jamais passé une femme au spéculum pour ne pas comprendre comment ces flueurs blanches ne sortent jamais ; celles-ci forment un magma épais, engluant tout le col de la matrice et les culs-de-sacs vaginaux. La *quantité* d'écoulement est diminuée, mais elle est remplacée par la *consistance* qui en fait presque un corps solide, de là, des oblitérations considérables au point de vue de la fécondation et dont nous ne triomphons que grace à un nettoyage complet à la pince, au pinceau, au rinçage, etc.

On comprend alors combien ces flueurs blanches occultes sont un obstacle sérieux pour la fécondation et combien le médecin doit en tenir compte lorsqu'il examine une femme à ce point de vue.

Qu'on s'étonne maintenant après ces explications, qu'une femme soit stérile ? le contraire nous étonne toujours ; aussi, lorsqu'on compare la femme à toutes les autres femelles du règne animal, on voit que celle-là ruinerait un éleveur qui n'aurait pas sous la main un étalon ne lui coûtant rien, par le nombre des hommages qu'on est obligé de lui rendre sans succès.

Qu'on nous pardonne cette figure, toute concluante, en faveur des obstacles que nous invoquons et qui ne tiennent, comme nous l'avons longuement expliqué dans notre *Traité des maladies de la Femme* (1) qu'à la menstruation, à la verticalité et au régime conjugal qui sont le lot de la femme seulement.

Est-il toujours possible d'avoir des enfants ?

Étant donné que l'homme est presque toujours fécond, la nature a-t-elle refusé à la femme le don d'être féconde au même titre que l'homme ? Nous ne le pensons pas.

Seulement, la femme, cet être sensible par excellence, n'est pas seulement sensible au point de vue moral, elle est encore très-délicate au point de vue physique. C'est un instrument qui rend des sons merveilleux, à la condition expresse qu'un butor ne dérangera pas son clavier harmonique à coup de poing, mais saura graduer ses effets par des gammes progressives et délicatement touchées.

Si malgré le tact de l'artiste, l'instrument se dérangeait, l'accordeur par excellence, c'est le médecin ; c'est là une affaire de métier.

Chefs de ménage ! ce que vous faites si facilement pour un instrument qui est faux, faites-le au moins pour votre femme, celle-ci vous rendra des sons justes au point de vue de la fécondation ; ce n'est qu'une affaire de simple accord et la stérilité cessera.

(1) *Traité pratique des Maladies de l'appareil génital de la Femme*, beau volume de 400 pages, contenant le détail complet de chaque maladie, ses causes, ses symptômes et son traitement, suivi d'une description détaillée de la stérilité avec les lois suivies jusqu'à ce jour, pour obtenir des enfants par la fécondation artificielle. (LIBRAIRIE A. DELAHAYE).

Si malgré l'art du médecin, le désordre était assez grave pour être au-dessus de ses ressources, il est encore un conseil qu'il saurait donner : c'est de faire pratiquer la *fécondation artificielle* qui ne consiste qu'en ceci :

Etant donné une matrice déplacée, au point de ne pouvoir jamais la remettre dans l'axe normal et la maintenir dans une bonne situation, il suffira au médecin d'introduire un petit instrument, de lui faire absorber la liqueur séminale qui vient d'être répandue et perdue par le mari et de conduire celle-ci, là où elle devra rencontrer l'ovule.

La fécondation artificielle n'est plus aujourd'hui un mystère pour le médecin, elle se fait très-naturellement et avec autant de pudeur que la plus simple petite opération ; il n'est même pas nécessaire de découvrir la femme, il suffit d'un peu de tact dans le toucher et d'un instrument fonctionnant bien.

On peut donc dire, qu'à part de très-rares exceptions, la femme peut toujours avoir des enfants.

Résultats de la fécondation artificielle.

Il serait naïf de penser que c'est le médecin qui procrée l'enfant, celui-ci, n'est qu'une intelligence redressant un trouble fonctionnel, il n'est pas plus le *fabricateur* d'un enfant qu'il n'est l'auteur d'une digestion dont les aliments ont été fournis à l'estomac à l'aide d'une sonde dirigée par sa main ; il ne change pas les facteurs de la vie, il les met seulement en présence, voilà tout son rôle.

Dans ces conditions, peut-on se demander si les résultats d'une *fécondation aidée* seront les mêmes au point de vue de la santé de l'enfant, que si la fécondation est normale ?

Je crois qu'une semblable question ne peut se faire dans l'esprit d'un homme sensé : un grain de blé tombé par hasard dans un sillon ne pousse ni mieux ni plus mal que lorsqu'il est semé par la main de l'homme ; les résultats sont les mêmes dans les deux cas. L'acte physiologique qui pousse le grain de blé dans toutes les phases de son développement, aussi bien que le zoosperme, ne commence pas au moment même où il tombe dans le terrain fertile, par une voie normale ou par une voie factice, ce n'est qu'après quelques jours que le grain ramolli par l'humidité, germe et se développe ; de même, le zoosperme passe par toutes les phases de son évolution avant de perforer l'ovule, mais dans l'un et l'autre cas, il y a longtemps que l'intervention humaine, normale ou anormale, a cessé de se manifester au moment de la *vraie naissance* de l'être.

Ce n'est donc pas du mot de *fécondation artificielle* qu'on devrait se servir, mais du mot *imprégnation indirecte*, car après l'imprégnation, notre rôle cesse et l'enfant se développe alors par toutes les lois naturelles, sans que celles-ci soient influencées par l'origine du mode d'imprégnation.

Moralité de la fécondation artificielle.

Rien n'est plus ridicule que ces fausses hontes, dont s'habillent quelques femmes d'une pudeur souvent superficielle et qui jettent les hauts cris, lorsqu'on leur parle d'une chemise. Qu'a donc à voir la véritable pudeur lorsqu'il s'agit de l'intervention du médecin dans un acte d'humanité?

Le médecin, par état, n'est-il pas accoucheur? par esprit, n'est-il pas au-dessus des petites faiblesses de la chair, surtout dans l'exercice de sa profession?

Qu'est-ce donc que son ministère, nous dirons même son sacerdoce, si la confiance la plus absolue ne lui est pas accordée?

La pudeur est une chose toute de circonstance, il n'est pas une mère qui puisse s'alarmer de découvrir sa fille malade et de la livrer aux regards inquisiteurs du médecin lorsqu'il s'agit de sa santé; et cependant, permettrait-elle à tout autre de la voir nue de la tête aux pieds? Evidemment non! Tout est donc relatif. Voilà pour la vue.

Quant à l'acte lui-même, examinons-le.

La reproduction de l'espèce ou procréation est-elle une fonction naturelle?

Poser la question, c'est la résoudre?

Est-il un seul homme qui ait en se mariant l'arrière-pensée de n'avoir jamais d'enfant. Si cet homme existait, on devrait le classer parmi les monstres ou les fous.

Quant à la femme, la maternité est chez elle une passion avide, inquiète. De toutes les souffrances et de tous les périls que le mariage lui fait affronter, la récompense, le précieux équivalent : c'est l'enfant.

Chez la femme, l'instinct de la maternité domine tout, à son insu même, dans ses plus aveugles élans, dès le berceau elle est mère, folle de maternité, transformant toute chose de nature vivante et même non vivante, en petits enfants.

L'histoire nous dit que dans nombre de contrées la stérilité était un cas de divorce écrit dans la loi.

En effet, la femme n'est femme qu'autant qu'elle possède les attributs de son sexe, et ces attributs ne se manifestent pour elle d'une façon physique, que par la procréation.

Or, la fécondation est une fonction au même titre que la digestion, que la respiration et la circulation; si celles-ci sont entravées dans leur exercice naturel, n'est-il pas rationnel de recourir aux moyens les plus propres à les combattre? Dans ce cas le médecin n'est-il pas consulté?

Or, que fait le médecin lorsqu'il est appelé à donner son avis sur un cas de stérilité?

Par un examen, il recherche la lésion ou la cause de ce trouble fonctionnel; il y apporte un remède par tous les moyens dont il dispose, et, lorsqu'il a tout tenté pour remettre un organe en état et qu'il lui est démontré que tous ses efforts ordinaires ne pourront pas maintenir la matrice dans une direction telle que la fécondation s'en suive naturellement, sa conscience lui fera un devoir de tenter un *moyen radical*, je veux dire : la fécondation artificielle.

Il n'y a donc pas là un acte autrement immoral que l'exécution pure et simple d'une prescription faite par un homme autorisé par la nature de ses fonctions, au même titre que tant d'autres et aussi naturelles que celles qu'exécutent chaque jour les fonctionnaires de tous ordres. L'immoralité n'a donc rien à voir là, on peut tout au plus dire que le moyen est nouveau et que son usage peu fréquent ne l'a pas encore fait consacrer dans les masses. L'hésitation sera tout au plus permise, mais c'est tout ce que nous pouvons accorder à ces casuistes scrupuleux qui s'érigent en juges sans noviciat, car ce n'est qu'une question de tempérament, et si les uns sont indifférents, combien d'autres n'ont pas de plus pure joie que la satisfaction d'être père ?

En outre, en se plaçant à un autre point de vue, le médecin n'est-il pas encore dans son rôle en forçant un peu la main à la nature : n'est-il pas nombre de cas où la grossesse d'une femme a été jugée le salut pour elle, car sous l'influence d'une grossesse menée à bien, que de maux sans nombre se sont dissipés.

On traite fort légèrement ces mystérieuses souffrances que les médecins constatent et déplorent, je veux parler toujours de l'*affectivité maternelle* qui ne passe jamais, au contraire, augmente surtout chez la femme pure. L'idée fixe du temps qui passe et qui lui fait manquer sa mission, le martyre de ses rêves avortés, soumettent la plupart d'entre elles à de véritables et cruelles maladies.

Il est donc, non-seulement, très-moral de conseiller la fécondation au point de vue de l'union des familles, mais encore il est du devoir du médecin de l'*ordonner* lorsque la santé d'une femme peut en être le couronnement; dans ce cas, ce n'est plus seulement une question d'harmonie dans la famille, c'est au premier chef, une question de santé.

Des voies et moyens de pratiquer la fécondation.

Nous nous sommes longuement étendu dans notre *Traité pratique des maladies de l'appareil génital de la femme* sur les divers moyens employés par nous pour arriver à la fécondation, nous n'y reviendrons pas, car nous nous adressions aux médecins et l'accueil qu'on a fait à notre livre par ses éditions successives et par ses traductions, nous fait espérer qu'il est aujourd'hui dans la bibliothèque de la plupart de nos confrères, nous n'avons plus à insister sur ce sujet; mais dans cette simple brochure qui n'est destinée qu'au public, nous voulons être sobre de description pour éviter toute atteinte à la chasteté de nos lectrices, nous dirons seulement que les moyens que nous employons sont de la plus grande simplicité, qu'ils n'effarouchent pas la pudeur la plus timide et que nous n'intervenons que lorsque toute trace d'émotion de la part des époux est passée. Notre rôle se borne alors à utiliser une semence perdue en la plaçant naturellement au point où elle doit arriver pour qu'il y ait procréation ; il nous est même arrivé de pratiquer la fécondation dans l'obscurité complète sans que nous ayons vu ni l'homme ni la femme, tellement nous nous plions volontiers à ces susceptibilités inhérentes à l'acte en lui-même et à la nouveauté du procédé, et cela, dans l'intérêt même de la fécondation qui pour être acceptée ne doit pas effrayer, jusqu'à ce qu'elle ait fait ses preuves et qu'elle soit admise dans la pratique courante.

Historique de la fécondation.

Vers la fin du XVII° siècle, Swammerdam, savant anatomiste Hollandais, s'inspirant du fait que les Orientaux fécondaient leurs dattiers femelles en les arrosant de pollen de dattiers mâles qu'ils allaient recueillir à quelques centaines de lieues de leur contrée, eut la singulière idée d'en déduire que si les végétaux pouvaient ainsi se féconder, il en serait peut-être de même dans le règne animal.

De là, naquit un principe *théorique* qui fut bientôt développé par Roësel sans cependant passer de la théorie à la pratique.

Ce ne fut que cinquante ans plus tard, que l'abbé Spallanzani, reprenant les travaux de ses devanciers, eut le retentissant succès d'une fécondation artificielle obtenue sur une chienne qu'il gardait précieusement en charte privée.

Ce même abbé formula donc le premier cette loi : si la chienne est fécondable artificiellement, il en sera de même de la femme. Mais, soit que son ministère ne lui permît pas une telle entreprise sur la femme, soit qu'il n'ait pas eu le courage ou l'occasion de tenter l'aventure, il se borna à en poser les principes.

Ce fut donc le célèbre médecin anglais Hunter qui eut le premier succès en fécondant la femme d'un de ses clients dans des conditions qu'il serait trop long de relater ici.

En 1838, notre compatriote le docteur Girault, publia douze observations fort curieuses de fécondation artificielle qui eurent les plus heureux résultats pratiques.

A partir de ce moment, la fécondation artificielle de l'espèce humaine ne fut plus un doute pour les naturalistes et les médecins, des milliers de fécondations artificielles furent tentées dans les laboratoires et réussies dans la pratique sur toute la série des animaux qu'on put imaginer, et les procédés de reproduction varièrent à l'infini. C'est ainsi qu'une branche d'industrie prit naissance, nous voulons parler de la *Pisciculture !* Chose curieuse à noter en passant ; on put prendre des œufs d'une carpe *morte* depuis quinze heures, les placer dans un milieu convenable et les féconder en les arrosant avec de la laitance d'un mâle, *mort* également depuis quinze heures ; des quantités innombrables de poissons se reproduisirent et prirent ainsi naissance.

Pouvait-on, logiquement, après ces expériences, douter du résultat qu'on pourrait obtenir dans un ordre plus élevé de la classe animale ?

Mais heureusement, si ce doute a été possible à une époque, il n'existe plus maintenant que dans l'esprit de ceux qui ignorent les lois immuables de la matière.

La fécondation artificielle est un fait acquis aujourd'hui à la science, nous, n'en sommes pas l'inventeur, nous n'en sommes que le simple vulgarisateur, il nous est donc facile d'en parler tout à notre aise, sans qu'on puisse nous taxer de prêcher une doctrine qui n'existe que dans notre cerveau ; la fécondation artificielle est enseignée d'une façon positive dans nos chaires médicales, par des hommes honorables dont le passé scientifique répond victorieusement aux arguments de doute que pourraient encore élever les retardataires.

Pour ne citer qu'un nom fort connu dans la science, nous nommerons notre savant histologiste, M. le professeur Charles Robin qui ne craint pas d'enseigner du haut de sa chaire de la Faculté de Médecine de Paris, une théorie dont il possède si admirablement tous les éléments de conviction, à savoir : la vitalité des spermatozoaires placés dans les divers milieux, la pénétration de l'élément mâle dans l'ovule femelle et les diverses évolutions de ces deux principes primordiaux au moment de la naissance utérine.

De nos jours, la fécondation artificielle de la femme est tombée dans la pratique courante et plusieurs notabilités scientifiques en font non seulement un article de foi dans leurs traités, mais encore, la recommandent ou la pratiquent toutes les fois qu'ils en trouvent l'occasion dans leur clientèle et parmi ceux-ci, citons : Gigon d'Angoulême, Marion-Sims, Roubaud et enfin le professeur Courty de Montpellier.

Si la fécondation artificielle a encore à se défendre, elle se défendra surtout par le besoin de sa venue qui commence à se faire sentir.

La science a prouvé ; sa tâche est faite.

Un rôle important à jouer viendra à la doctrine de la fécondation artificielle, ou ne lui viendra pas ; n'importe, elle a fait ses preuves, son autorité est incontestée, sa méthode est logique, elle est armée à son but, pauvre d'esprit qui ne la comprendra pas.

Qui sait même où ce siècle de trouvailles nous conduira ?

Qui nous dit que cette mythologique parabole : l'éclosion de Bacchus introduit par Vulcain, dans la cuisse de Jupiter, ne pourra pas se réaliser un jour.

N'est-il pas démontré au chapitre : grossesses extra-utérines, par nos annales d'embryologie, que l'implantation placentaire peut se faire partout ailleurs que dans l'utérus et l'enfant se développer dans une poche accolée à n'importe quel organe ?

De là, à prendre des éléments mâles et femelles, à les accoupler à à les loger dans une cuisse, il n'y a plus qu'un pas; la théorie se conçoit et la pratique devient presque possible lorsqu'on sait que l'œuf contient tous les éléments propres à son développement.

Mais n'allons pas aussi loin, dans la crainte d'effaroucher les timides, contentons-nous d'aider la nature, sans la violer dans ses lois naturelles.

RÉSUMÉ

Après deux ou trois ans de ménage, si vous n'avez pas d'enfants, il est fort probable que vous n'en aurez pas sans prendre les conseils de votre médecin. Si après quelques mois de soins, la femme n'est pas devenue féconde, il y a beaucoup à parier qu'elle ne le deviendra jamais. Tout espoir n'est cependant pas perdu, la fécondation artificielle donnera certainement d'excellents résultats dans les deux tiers des cas, cela ressort avec la plus grande évidence de nos statistiques ; car sur cent dix-huit cas de fécondation artificielle pratiqués par nous, nous sommes absolument certain des résultats suivants : quatre-vingt-une femmes ont été fécondées, nous n'avons pas eu de nouvelles de seize qui nous ont donné de fausses adresses et sur lesquelles nous pensons avoir obtenu des résultats proportionnés aux autres ; enfin vingt-quatre se sont absolument montrées réfractaires à la fécondation, mais dans ce nombre, que de réserves nous aurions encore à faire s'il nous était possible d'entrer dans des détails intimes et de nature à révéler de mystérieuses histoires d'alcôve, ce qui n'est pas le fait du médecin, habitué par état à une discrétion absolue.

Nous pourrions relater ici quelques observations, voire même, insérer des certificats que donneraient volontiers des personnes fort honorables qui ont eues recours à nous ; mais outre que ce genre de réclame nous répugne profondément et ne prouve rien, il nous serait pénible de n'être pas cru sur parole ; aussi, nous abstenons-nous.

Que la logique seule, soit le guide des intéressés.

DESCRIPTION SOMMAIRE

DES MALADIES DES ORGANES GÉNITAUX AU POINT DE VUE DE LA SANTÉ GÉNÉRALE

De 15 à 45 ans la femme est soumise à une influence capitale qui règle tous les termes de sa santé.. L'utérus joue un rôle important dans son équilibre, on pourrait dire que cet organe est le régulateur de toute la machine humaine, rayonnant mystérieusement du centre à la circonférence.

Quelques auteurs ont pensé que l'utérus était un simple déversoir des humeurs et en ont fait une soupape de sûreté ou une sorte d'égout collecteur rejetant du corps toutes les immondices, mais l'expérience démontre au contraire que lorsqu'on soigne cet organe et qu'on rétablit chez lui l'intégrité de ses fonctions, tous les troubles des autres organes disparaissent en raison directe de la guérison obtenue.

Nous citerons un seul exemple : toute femme ayant des flueurs blanches est sujette aux crampes d'estomac ; or, est-ce l'estomac qui est réellement malade et comme conséquence, un écoulement blanc apparaît-il ! Le contraire est vrai, l'écoulement blanc débute toujours, l'estomac s'en ressent immédiatement et devient douloureux ; soigne-t-on l'estomac ? l'écoulement ne cesse pas ; soigne-t-on l'écoulement par des moyens appropriés ? immédiatement les douleurs d'estomac disparaissent.

Les douleurs de tête, les névralgies, les oppressions et en général toutes les affections sympathiques, disparaissent aussitôt que l'utérus rentre dans le calme absolu.

Pourquoi cet organe possède-t-il une telle influence !

Dès les temps les plus reculés on a essayé d'expliquer cette mystérieuse action, mais les connaissances anatomiques d'alors ne permettaient pas de formuler une loi rigoureuse à ce sujet ; aujoud'hui, l'anatomie et la physiologie ont fait de considérables découvertes et nous savons, d'une manière certaine, que l'influence des fonctions utérines réagit sur toute l'économie d'une façon manifeste, mais sans que nous sachions encore positivement si le moral, l'amour ou les sens génésiques n'y entrent pas pour beaucoup, et ne font pas l'office du rayon de soleil sur la plante.

Cependant, tout nous porte à croire qu'on peut espérer beaucoup en faisant jouer certains ressorts moraux desquels un praticien expérimenté sait se servir pour compléter son œuvre, il n'est pas de soins matériels qui vaillent une bonne nouvelle et la bonne nouvelle pour la femme ne consiste pas toujours dans les hommages ou la fortune, mais bien plus souvent dans la satisfaction d'une petite misère intime et toute platonique que nous ne comprenons pas, nous autres hommes, avec nos appétits de réalistes.

Différentes maladies de l'utérus et de ses annexes.

On pourrait croire qu'en nommant deux ou trois maladies on pourra faire la nomenclature complète des affections qui assiégent l'utérus; il n'en est rien. De si délicates fonctions devaient forcément avoir pour contre-poids de leur activité, tous les désordres qui incombent aux choses compliquées. Nous nous bornerons donc à donner ici une nomenclature alphabétique des maladies les plus communes de la femme; cet exposé donnera une idée suffisante de ces affections tout en faisant comprendre combien il est utile de chercher à les guérir lorsqu'il en est temps encore, car fatalement, elles entrainent toutes après elles des complications graves réagissant d'une façon fâcheuse sur le reste de la santé.

Cette nomenclature, la voici dans ce qu'elle a de plus simple :

Aménorrhée: Absence de règles, il n'y a pas aménorrhée si les autres signes physiques de la puberté n'existent pas encore. Dans le cas où les seins et le système pileux sont développés, il est bon de rechercher s'il n'y a pas une diathèse sous roche.

Aménorrhée *par suppression brusque:* Malaise locaux et généraux se manifestant presque aussitôt par une hémorrhagie supplémentaire.

Aménorrhée *par suppression lente:* Le molimen hémorrhagique diminue chaque mois et finit par se supprimer. Rechercher la diathèse.

Aménorrhée *par rétention :* Développement d'une tumeur rénitente à l'hypogastre avec symptômes locaux et généraux.

Antéflexion: Le col reste en place, le corps seul de l'utérus tombe sur la vessie et provoque des envies fréquentes d'uriner; l'hystéromètre flexible donne exactement le degré de courbure de l'utérus.

Antéversion : Col en arrière, corps en avant, envies fréquentes d'uriner, défécation difficile.

Blennorrhagie : Vagin enflammé, écoulement verdâtre, uréthrite suppurée, caractère contagieux.

Cancer en général : Cachexie rapide, insuccès des traitements.

Cancer vrai : Marche rapide et progressive.

Cancer de l'utérus, *période d'induration :* Nodosités du col avec sensibilité, encoches séparant les lobules indurés.

Cancer de l'utérus, *période d'ulcération :* Immobilité de l'utérus, écoulement abondant d'une liqueur fluide, d'une odeur spéciale, hémorrhagies faciles.

Cancroïdes ulcéreux: Ulcères gagnant rapidement en profondeur, écoulement d'un liquide séreux nauséabond; hémorrhagies fréquentes ; ulcérations en godet, rouges aux bords, cendrées au centre.

Cancroïdes végétants : Excroissances polypoïdes très-vasculaires, naissant sur la circonférence de l'orifice utérin, marche rapide

Chancres mous : Ulcères douloureux, multiples, naissant du quatrième au cinquième jour après la contamination, se reproduisant sur le même sujet par innoculation.

Chlorose consécutive : Jeunesse, chair molle et blanche, troubles dans les qualités menstruelles, insuccès des ferrugineux.

Condylômes : Végétations bizarres, de nature vénérienne, sans symptôme généraux.

Congestion de l'utérus : Pesanteur du bas-ventre, douleurs du sacrum augmentant par la marche.

Cystocèle vaginale : Tumeur molle au-dessous du méat urinaire, facilement réductible.

Déplacements de l'utérus : Déviation de l'axe normal, abaissement ou élévation du col avec symptômes spéciaux pour chaque déplacement.

Dysménorrhée : Menstruation douloureuse durant toute la période de la vie menstruelle.

Dysménorrhée congestive : Douleurs précédant les règles, caillots, douleurs du sacrum, courbatures, mamelles sensibles.

Dysménorrhée inflammatoire simple : Douleurs aiguës, poussée de rougeurs à la face, sueurs, fièvre, caillots.

Dysménorrhée inflammatoire membraneuse : Poussées d'accouchement avec expulsion de fausses membranes, caillots moulés sur la cavité utérine, fièvre.

Dysménorrhée mécanique : Utérus gonflé et sensible, accidents locaux, atrésie du col.

Dysménorrhée névralgique : Malaises précurseurs, sensation de froid, douleur en ceinture à la partie inférieure du bassin, contractions expulsives, les règles n'amenant pas de soulagement, alternées avec d'autres névralgies.

Faciès utérin : Plaques brunâtres sur le front, surtout à un centimètre de la racine des cheveux.

Hématocèle péri-utérine : Tumeur fluctuante et ondulante, sans battement artériel, se produisant spontanément à une époque menstruelle affolée.

Hydrométrie : Atrésie du col avec tumeur hypogastrique médiane fluctuante.

Hydropisie des ovaires : Le toucher rectal fait trouver l'ovaire gonflé dès le début, symptômes inflammatoires locaux, déviation de l'utérus du côté opposé, sein sensible du même côté.

Hypertrophie de l'utérus : Pesanteur dans le bassin ; rechercher si l'hypertrophie est générale ou seulement locale.

Hypertrophie générale : La cathétérisme donne une augmentation de profondeur de la cavité utérine et d'après la mensuration, on trouve exactement le degré de l'hypertrophie.

Hypertrophie sous-vaginale : Le corps de l'utérus restant en place ainsi que les culs-de-sac vaginaux, le toucher donne le degré d'hypertrophie du col.

Hypertrophie sus-vaginale : Le corps de l'utérus restant en place, les culs-de-sac vaginaux s'abaissent et se retournent, la muqueuse vaginale tapisse la portion du col hypertrophiée, la pénétration du doigt dans le vagin devient impossible en raison du degré de l'hypertrophie.

Inflammation des ovaires : Douleurs aiguës dans les fosses iliaques, gonflement et douleur du point affecté, le toucher rectal donne le degré de l'inflammation.

Intertrigo : Plis des aines rouges, mouillés et douloureux avec prurit.

Inversion de l'utérus : Symptômes locaux selon le degré, dans l'inversion brusque, il y a toujours collapsus ; la muqueuse utérine est en dehors et l'orifice du col est introuvable.

Kystes des grandes lèvres : Les grandes lèvres sont gonflées et fluctuantes.

Kyste de la glande vulgo-vaginale : Tumeur brillante vers la partie moyenne d'une des grandes lèvres.

Kystes du vagin : Se sentent sous le doigt sous forme d'ampoules.

Latéro-flexion : Courbure latérale de l'axe du vagin constatée par l'hystéromètre souple.

Leucorrhée : Écoulement d'un liquide, variable de nature et de provenance.

Leucorrhée de l'enfance : Prurit excessif, vulve rouge, écoulement jaune.

Leucorrhée utérine : Écoulement glaireux, alcalin, se manifestant surtout avant ou après les règles ; à l'examen, glaire à l'orifice du col. Rebelle aux injections vaginales.

Leucorrhée vaginale : Écoulement épais, crémeux, acide, existe entre les époques menstruelles, se modifie facilement sous l'influence des injections.

Leucorrhée vaginale chronique : Muqueuses pâles, écoulements variables, dyspepsie.

Leucorrhée de la grossesse : Écoulement abondant au début, sans caractère alcalin ni acide par le mélange des secrétions utérines et vaginales ; cesse dans la position horizontale.

Maladie des ovaires : Sensibilité variable dans l'une des fosses iliaques en raison de la nature du mal.

Ménopause : Si la santé est excellente, la suppression a lieu sans accident avec développement de l'embonpoint. Si la femme est délicate, il y a des alternatives de suppression et d'hémorrhagie avec leucorrhée dans les intervalles, bouffées de chaleur suivies de malaises, flatulence et accidents divers.

Menstruation absente : Rechercher si les causes ne sont pas congénitales par malformation ; si les règles ont déjà parues, rechercher la marche de la suppression. Si les époques sont indiquées par des malaises et par une menstruation supplémentaire ?

Menstruation irrégulière : Irrégularité de temps, de quantité et de qualité du sang ; accidents locaux et généraux très-variables.

Menstruation supplémentaire : Règles abondantes ou en quantité insignifiante, mais hémorrhagies compensatrices de siége variable à l'époque menstruelle ; ou bien leucorrhée ou diarrhée.

Métrite : Augmentation du volume de l'utérus avec fièvre et chaleur locale.

Métrite muqueuse : Métrorrhagie à l'époque des règles et leucorrhée jaune dans les intervalles.

Métrite chronique : *A la première période :* vascularisation de l'utérus avec augmentation de volume, tissu mou, œdémateux, étranglement du col, col en massue ou en battant de cloche, prurit de la vulve, alternative de métrorrhagie et d'aménorrhée. *A la deuxième période :* Induration et anémie du tissus, acccidents divers du côté de la muqueuse.

Métrite parenchymateuse : Cessation des règles, pesanteur considérable du bassin, col entr'ouvert, augmentation et sensibilité du col avec ulcération superficielle.

Métrorrhagie : Col entr'ouvert, perte de sang relativement considérable, toujours à l'époque menstruelle ; symptômes généraux variables, en raison du sang perdu ; symptômatique d'une métrite aiguë ou d'un avortement de quelques semaines.

Môles ou faux germes : Tous les symptômes de la grossesse sans les signes certains, époque normale souvent dépassée.

Névralgie de l'ovaire : Douleurs variables dans l'une des aines, sans gonflement ni rougeur, augmentant avec la marche, alternance avec d'autres névralgies.

Névralgie de l'utérus : Sensation générale de froid, douleur avec paroxysmes au niveau de la ligne blanche, s'irradiant vers l'estomac, douleur à la moindre pression.

Phagédénisme : Ulcération se guérissant d'un côté pour gagner de l'autre, décollement des tissus, cachexie.

Phthisie génitale : Antécédents tuberculeux, diathèse du sujet, bosselures du cul-de-sac vaginal postérieur avec brides, alternance avec les phénomènes thoraciques.

Polypes fibreux : Travail de l'accouchement sans grossesse légitime, hémorrhagies variables avec odeur désagréable, vomissements.

Polypes du vagin : Se sentent au doigt, on retrouve le pédicule. Sont rares.

Prolapsus de l'utérus : Abaissement de l'utérus en raison du degré, ouverture du col toujours normalement située, troubles dyspeptiques.

Prolapsus véritable du vagin : Bourrelet circulaire fourni par le vagin, réduction facile mais sans durée.

Prurit vulvaire : Démangeaison excessive de la vulve avec plaques d'herpès.

Rectocèle vaginale : Tumeur rénitente, facilement réductible en repoussant la tumeur sur le périnée et en vidant le rectum.

Suppression brusque de la menstruation : Malaises divers survenant aussitôt la suppression.

Suppression lente de la menstruation : Le molimen hémorrhagique diminue chaque mois, ou oscille de deux mois l'un en finissant par se supprimer ; rechercher la diathèse.

Syphilis : Le chancre se manifeste assez tard après la contamination, lorsqu'un chancre est apparu, s'il ne s'indure pas du 6e au 20e jour, il n'est pas syphilitique ; presque toujours unique ; symptôme généraux rapides.

Troubles de la menstruation : Malaises généraux et locaux, rechercher les causes.

Tumeurs fibreuses : Accidents divers, se sentant au toucher ou à la palpation, hémorrhagies fréquentes.

Tympanite utérine : Atrésie du col, ballonnement de la région hypogastrique avec résonnance à la percussion.

Ulcérations du col d'origine inflammatoire : Se distinguent nettement au spéculum, pas d'accidents généraux.

Ulcérations d'origine syphilitique : Accidents généraux, ulcères grisâtres, sanieux et profonds.

Ulcérations d'origine cancéreuse : Prolifération, marche rapide, odeur caractéristique.

Vaginisme : Spasme du vagin avec hyperesthésie.

Vaginite : Écoulement acide de nature variable.

Il est donc facile de se rendre compte, par ces quelques signes du genre d'affection dont on est atteint, c'est le seul but que nous nous sommes proposé dans cette courte brochure destinée au public.

Dr J. GÉRARD.

Poissy. — Typ. S. Lejay et Cie.